SONG OF THE HEART

SONG OF THE HEART

Selected Poems by

RAMÓN LÓPEZ VELARDE

Translated from the Spanish by

MARGARET SAYERS PEDEN

Art by Juan Soriano

UNIVERSITY OF TEXAS PRESS ❧ *Austin*

Spanish texts drawn from *Obras*, edited by José Luis Martínez, Fondo de Cultura Económica, 1971.

Photographs of three paintings from Colección Museo de Arte Moderno, México, D.F. © Javier Hinojosa. Photograph of painting "La Muerte Enjaulada" courtesy of Juan Soriano and Reyna Henaine-Larriva.

∞ The paper used in this publication meets the minimum requirements of American National Standard for Information Sciences—Permanence of Paper for Printed Library Materials, ANSI Z39.48-1984.

Library of Congress Cataloging-in-Publication Data

López Velarde, Ramón, 1888–1921.

Song of the heart : selected poems / by Ramón López Velarde ; translated from the Spanish by Margaret Sayers Peden ; art by Juan Soriano. — 1st ed.

p.   cm.

ISBN 0-292-74685-7 (alk. paper). —
ISBN 0-292-74686-5 (pbk. : alk. paper)

1. López Velarde, Ramón, 1888–1921—
Translations into English.   I. Peden, Margaret Sayers.
II. Soriano, Juan, 1920– .   III. Title.

PQ7297.L68A26   1995

861—dc20   94-36496

FIDEICOMISO PARA LA
CULTURA
MEXICO/USA
FUNDACION ROCKEFELLER ◆ FUNDACION CULTURAL BANCOM
FONDO NACIONAL PARA LA CULTURA Y LAS ARTES

CONTENTS

SONG OF THE HEART

EL RETORNO MALÉFICO

A D. Ignacio Gastélum

Mejor será no regresar al pueblo,
al edén subvertido que se calla
en la mutilación de la metralla.

Hasta los fresnos mancos,
los dignatarios de cúpula oronda,
han de rodar las quejas de la torre
acribillada en los vientos de fronda.

Y la fusilería grabó en la cal
de todas las paredes
de la aldea espectral,
negros y aciagos mapas,
porque en ellos leyese el hijo pródigo
al volver a su umbral
en un anochecer de maleficio,
a la luz de petróleo de una mecha
su esperanza deshecha.

Cuando la tosca llave enmohecida
tuerza la chirriante cerradura,
en la añeja clausura
del zaguán, los dos púdicos
medallones de yeso,
entornando los párpados narcóticos,
se mirarán y se dirán: "¿Qué es eso?"

Y yo entraré con pies advenedizos
hasta el patio agorero
en que hay un brocal ensimismado,
con un cubo de cuero
goteando su gota categórica
como un estribillo plañidero.

Si el sol inexorable, alegre y tónico,
hace hervir a las fuentes catecúmenas
en que bañábase mi sueño crónico;
si se afana la hormiga;
si en los techos resuena y se fatiga

ILL-OMENED RETURN

For D. Ignacio Gastélum

Better not to return to the village,
to the subverted Eden stilled
amid the mutilation of shot and shell.

Toward maimed ash trees,
great-domed dignitaries,
roll plaints from the bullet-riddled tower,
carried on wind stirring the leaves.

And gunfire has engraved on all
the whitewashed walls
of the spectral town
ominous black maps
on which, by the light of a kerosene wick,
the prodigal son,
once again at the threshold
as a malign darkness falls,
may read his blighted hopes.

When the pitted, rusty key
turns the screeching bolt in place,
two chaste plaster
medallions in the moss-grown
enclosure of the entryway
will lift narcotic eyelids,
exchange glances, and say: "What is this?"

Then, with the feet of a stranger, I shall enter
the oracular patio,
where, by a catatonic well curb,
a leather pail
drips its categorical drop
in a plaintive refrain.

If the inexorable sun, cheering and tonic,
boils the catechumenal fountains
that washed over my chronic dream,
if the busy ant toils,
if from the rooftops swells, then ebbs,

de los buches de tórtola el reclamo
que entre las telarañas zumba y zumba;
mi sed de amar será como una argolla
empotrada en la losa de una tumba.

Las golondrinas nueva, renovando
con sus noveles picos alfareros
los nidos tempraneros;
bajo el ópalo insigne
de los atardeceres monacales
el lloro de recientes recentales
por la ubérrima ubre prohibida
de la vaca, rumiante y faraónica,
que al párvulo intimida;
campanario de timbre novedoso;
remozados altares;
el amor amoroso
de las parejas pares;
noviazgos de muchachas
frescas y humildes, como humildes coles,
y que la mano dan por el postigo
a la luz de dramáticos faroles;
alguna señorita
que canta en algún piano
alguna vieja aria;
el gendarme que pita . . .
. . . Y una íntima tristeza reaccionaria.

the throaty call of turtledoves
echoing and re-echoing among thick spiderwebs,
my thirst for love shall be like an iron ring
embedded in the slab of a covered tomb.

Nouvelle swallows, renewing
with novice potters' bills
their earlybird nests . . .
beneath the proverbial opal
of monastic twilights,
an innocent intimidated by
newly calved calves bawling
for the withheld but munificent teat
of a pharaonic and ruminant cow . . .
a belfry with regenerated tones . . .
rejuvenated altars . . .
the loving love
of paired-off pairs . . .
engaged, engaging girls
as fresh and humble as simple cabbages
offering their hands through window grilles
beneath the light of theatrical streetlamps . . .
some señorita
singing at some piano
some old-fashioned aria . . .
a policeman's whistle . . .
And an intimate, reactionary sorrow.

LA MANCHA DE PÚRPURA

Me impongo la costosa penitencia
de no mirarte en días y días, porque mis ojos,
cuando por fin te miren, se aneguen en tu esencia
como si naufragasen en un golfo de púrpura,
de melodía y de vehemencia.

Pasa el lunes, y el martes, y el miércoles . . . Yo sufro
tu eclipse, ¡oh creatura solar!, mas en mi duelo
el afán de mirarte se dilata
como una profecía; se descorre cual velo
paulatino; se acendra como miel; se aquilata
como la entraña de las piedras finas;
y se aguza como el llavín
de la celda de amor de un monasterio en ruinas.

Tú no sabes la dicha refinada
que hay en huirte, que hay en el furtivo gozo
de adorarte furtivamente, de cortejarte
más allá de la sombra, de bajarse el embozo
una vez por semana, y exponer las pupilas,
en un minuto fraudulento,
a la mancha de púrpura de tu deslumbramiento.

En el bosque de amor, soy cazador furtivo;
te acecho entre dormidos y tupidos follajes,
como se acecha una ave fúlgida; y de estos viajes
por la espesura, traigo a mi aislamiento
el más fúlgido de los plumajes:
el plumaje de púrpura de tu deslumbramiento.

Day after day I inflict upon myself
the grievous penance of not seeing you, so when finally
my eyes behold you they are flooded with your essence,
as if drowning in an ocean of purple,
of music, of deep passion.

Monday passes, Tuesday, Wednesday . . . I suffer from
the eclipse of my sun, but as I mourn
the desire to see you rises up like
a prophecy, it opens like a slowly parted
veil, it grows pure, like honey, precious
like the heart of a stone,
it is honed like the key
to the cell of love in a ruined monastery.

You cannot know the exquisite bliss
I find in fleeing from you, the furtive gratification
of furtively adoring you, of paying court to you
beyond the shadow, of once a week removing
the blindfold and exposing my eyes,
for a deceptive moment,
to the purple stain of your fascination.

In the forest of love, I am a stealthy hunter.
I stalk you through dense, dormant foliage
as I would hunt a brilliant bird; and from these forays
among the thickets, I bring back to my isolation
the most brilliant of all plumage:
the purple plumage of your fascination.

MI PRIMA AGUEDA

A Jesús Villalpando

Mi madrina invitaba a mi prima Agueda
a que pasara el día con nosotros,
y mi prima llegaba
con un contradictorio
prestigio de almidón y de temible
luto ceremonioso.

Agueda aparecía, resonante
de almidón, y sus ojos
verdes y sus mejillas rubicundas
me protegían contra el pavoroso
luto . . .
      Yo era rapaz
y conocía la *o* por lo redondo,
y Agueda que tejía
mansa y perseverante en el sonoro
corredor, me causaba
calosfríos ignotos . . .
(Creo que hasta la debo la costumbre
heroicamente insana de hablar solo.)

A la hora de comer, en la penumbra
quieta del refectorio,
me iba embelesando un quebradizo
sonar intermitente de vajilla
y el timbre caricioso
de la voz de mi prima.
      Agueda era
(luto, pupilas verdes y mejillas
rubicundas) un cesto policromo
de manzanas y uvas
en el ébano de un armario añoso.

MY COUSIN AGUEDA

For Jesús Villalpando

My mother invited my cousin Agueda
to come and spend the day with us,
and my cousin arrived
casting a contradictory
spell of petticoats and fearsome,
ceremonious mourning.

Agueda appeared, rustling
with starch, her green
eyes and rosy cheeks protecting
me against the terror of her funereal
black . . .
              I was just a boy,
but I knew that *o* was the round one,
and Agueda, persistently,
meekly, knitting in the echoing
corridor, sent unfamiliar
shivers up and down my spine.
I think I even owe to her the heroically
mad habit of talking to myself.

At dinnertime, in the quiet
penumbra of the dining room,
I fell thrall to the intermittent
clink of china
joined with the caressing resonance
of my cousin's voice.
                        Agueda
(mourning, green eyes, and rosy
cheeks) was a polychrome basket
of apples and grapes
against the ebony of an antique cupboard.

Cumplo a mediodía
con el buen precepto de oír misa entera
los domingos; y a estas misas cenitales
concurres tú, agudo perfil; cabellera
tormentosa, nuca morena, ojos fijos;
boca flexible, ávida de lo concienzudo,
hecha para dar los besos prolijos
y articular la sílaba lenta
de un minucioso idilio, y también
para persuadir a un agonizante
a que diga amén.

Figura cortante y esbelta, escapada
de una asamblea de oblongos vitrales
o de la redoma de un alquimista:
ignoras que en estas misas cenitales
al ver, con zozobra,
tus ojos nublados en una secuencia
de Evangelio, estuve cerca de tu llano
con una solícita condescendencia;
y tampoco sabes que eres un peligro
armonioso para mi filosofía
petulante . . . Como los dedos rosados
de un párvulo para la torre baldía
de naipe o dados.

At midday I honor
the commendable precept of going to hear
Sunday mass; and at these high rituals
you, too, appear: chiseled profile, riotous
hair, a warm brown neck, intent stare,
ambivalent lips avid to savor scruples:
lips formed for bestowing lingering kisses
and for slowly mouthing love's syllables
in assiduous idylls, but also
for persuading a dying man
to say "amen."

Slender silhouette escaped
from an oblong window of stained glass
or from the wasp-waist flask of some alchemist;
you couldn't know that at one such mass
when with anguish I observed
your eyes mist during a passage
of the Gospel, I stood nearby, ready to dry
your tears with loving tenderness,
nor could you know
what a sweet danger you pose
to my arrogance . . . Like the rosy fingers
of a child to a fragile castle
of cards or dominos.

¿Imaginas acaso la amargua
que hay en no convivir
los episodios de tu vida pura?
Me está vedado conseguir que el viento
y la llovizna sean comedidos
con tu pelo castaño.

Me está vedado oír en los latidos
de tu paciente corazón (sagrario
de dolor y clemencia)
la fórmula escondida
de mi propia existencia.

Me está vedado, cuando te fatigas
y se fatiga hasta tu mismo traje,
tomarte en brazos, como quien levanta
a su propia ilusión incorruptible
hecha fantasma que renuncia al viaje.

Despertarás una mañana gris
y verás, en la luna de tu armario,
desdibujarse un puño
esquelético, y ante el funerario
aviso, gritarás las cinco letras
de mi nombre, con voz pávida y floja
¡y yo me hallaré ausente
de tu final congoja!

¿Imaginas acaso
mi amargura impotente?
Me estás vedada tú ... Soy un fracaso
de confesor y médico que siente
perder a la mejor de sus enfermas
y a su más efusiva penitente.

Can you even imagine the bitterness
I feel at not sharing
every pristine moment of your life?

I am forbidden to ensure that the
wind and rain are gentle with
your chestnut hair.

I am forbidden to hear in the beating of
your patient heart (tabernacle
of sorrow and forgiveness)
the hidden formula
of my own existence.

I am forbidden, when you grow weary,
when your very clothes grow limp, from
taking you in my arms, like one who holds
high his own incorruptible dream,
a ghost that renounces the voyage.

One gray morning you will awake
and in the mirror of your armoire
see a skeletal fist take shape,
and faced with that funereal
image, in a weak and quavering voice you will
cry out the five letters of my name—
but I shall not be there to comfort you
in your distress!

Can you even imagine
my impotent bitterness?
You are forbidden to me . . . I am damned,
a confessor and physician suffering
the loss of the dearest of his patients
and his most effusive penitent.

Se distraen las penas en los cuartos de hoteles
con el heterogéneo concurso divertido
de yanquis, sacerdotes, quincalleros infieles,
niñas recién casadas y mozas del partido.

Media luz . . .
                Copia al huésped la desconchada luna
en su azogue sin brillo; y flota en calendarios,
en cortinas polvosas y catres mercenarios
la nómada tristeza de viajes sin fortuna.

Lejos quedó el terruño, la familia distante,
y en la hora gris del éxodo medita el caminante
que hay jornadas luctuosas y alegres en el mundo:

que van pasando juntos por el sórdido hotel
con el cosmopolita dolor del moribundo
los alocados lances de la luna de miel.

HOTEL NIGHTS

In a hotel room, cares are deferred by
an entertaining, heterogenous tide
of Yankees, priests, adulterous salesmen,
young brides, and girls of a party persuasion.

Dimly . . .
          the pitted moon limns the guest
in lusterless silver, while a peripatetic
gloom of fortuneless treks sifts over
calendars, drapes, and beds-by-the-hour.

Family and home seem light-years away,
and in his gray exodus the wayfarer reflects
that in this world there are good and bad days,

and both make their way through the sordid hotel,
arm in arm with death's cosmopolitan carouse
and crazed parries of the honeymoon joust.

Ingenuas provincianas: cuando mi vida se halle
desahuciada por todos, iré por los caminos
por donde vais cantando los más sonoros trinos
y en fraternal confianza ceñiré vuestro talle.

A la hora del Angelus, cuando vais por la calle,
enredados al busto los chales blanquecinos,
decora vuestros rostros—¡oh rostros peregrinos!—
la luz de los mejores crepúsculos del valle.

De pecho en los balcones de vetusta madera,
platicáis en las tardes tibias de primavera
que Rosa tiene novio, que Virginia se casa;

y oyendo los poetas vuestros discursos sanos
para siempre se curan de males ciudadanos,
y en la aldea la vida buenamente se pasa.

HOMETOWN

Ingenuous provincial girls, when I find
my hope has been erased, I'll come back home
to streets where you stroll twittering like birds
and slip a brotherly arm around your waist.

At the hour of the Angelus, you promenade,
white shawls knotted tight across your breasts,
your faces—ah, those picture-perfect faces—
caressed by the valley's finest evening light.

Bosoms pressed against worn wood balconies,
you chatter in the warm spring evening air
—Virginia will wed; Rose's suitor is here—

and when poets hear the saneness of your words
they are forever cured of city woes . . .
and in the village, life contentedly flows on.

EN EL PIÉLAGO VELEIDOSO

Entré a la vasta veleidad del piélago
con humos de pirata . . .
Y me sentía ya un poco delfín
y veía la plata
de los flancos de la última sirena,
cuando mi devaneo
anacrónico vióse reducido
a un amargo humillante de mareo.

Mas no guardo rencor
a la inestable eternidad de espuma
y efímeros espejos.

Porque sobre ella fuí como una suma
de nostalgias y arraigos, y sobre ella
me sentí, en alta mar,
más de viaje que nunca y más fincado
en la palma de aquella mano impar.

EVER-CHANGING SEAS

I sailed off on vast, ever-changing seas
with all the airs of a pirate.
Soon I was feeling at least part dolphin.
I had just sighted the silvery flick
of the last siren's flank
when my anachronistic
delirium was reduced to
bitter chagrin: I was seasick.

I hold no grudge, however,
against that mutable eternity of foam
and ephemeral mirrors.
For there at sea I became a sum
of nostalgia and home, and there,
among the waves, I felt,
as never before, a voyager, yet rooted
in the palm of a hand without peer.

A Rafael López

Mi corazón, leal, se amerita en la sombra.
Yo lo sacara al día, como lengua de fuego
que se saca de un ínfimo purgatorio a la luz;
y al oírlo batir su cárcel, yo me anego
y me hundo en la ternura remordida de un padre
que siente, entre sus brazos, latir un hijo ciego.

Mi corazón, leal, se amerita en la sombra.
Placer, amor, dolor... todo le es ultraje
y estimula su cruel carrera logarítmica,
sus ávidas mareas y su eterno oleaje.

Mi corazón, leal, se amerita en la sombra.
Es la mitra y la válvula... Yo me lo arrancaría
para llevarlo en triunfo a conocer el día,
la estola de violetas en los hombros del alba,
el cíngulo morado de los atardeceres,
los astros, y el perímetro jovial de las mujeres.

Mi corazón, leal, se amerita en la sombra.
Desde una cumbre enhiesta yo lo he de lanzar
como sangriento disco a la hoguera solar.
Así extirparé el cáncer de mi fatiga dura,
seré impasible por el este y el oeste,
asistiré con una sonrisa depravada
a las ineptitudes de la inepta cultura,
y habrá en mi corazón la llama que le preste
el incendio sinfónico de la esfera celeste.

MY HEART FARES BETTER . . .

For Rafael López

My heart, loyal, fares better in the shadow.
I brought it to the day, a tongue of fire
borne from a vile purgatory to the light;
and hearing it beat against its prison, I sink,
swamped, into the anguished tenderness of a father
who feels a blind child throbbing in his arms.

My heart, loyal, fares better in the shadow.
Pleasure, love, pain . . . all are outrage
that stimulate its cruel logarithmic racing,
its avid tides and unremitting waves.

My heart, loyal, fares better in the shadow.
It is the miter and the mitral valve . . . I shall tear
it out and carry it in triumph to know the day,
the stole of violets on the alb of dawn,
the royal purple cincture of late afternoons,
the stars, and convivial perimeter of woman.

My heart, loyal, fares better in the shadow.
I shall climb the highest peak and hurl it
like a bloody discus to the sun.
I shall extirpate the cancer of my cruel fatigue,
I shall be impassible to the east and to the west,
with a depraved smile, I shall contribute to
the ineptitudes of an inept culture,
and in my heart will be the flame that feeds
the symphonic fire of the celestial sphere.

Tierra mojada de las tardes líquidas
en que la lluvia cuchichea
y en que se reblandecen las señoritas, bajo
el redoble del agua en la azotea . . .

Tierra mojada de las tardes olfativas
en que un afán misántropo remonta las lascivas
soledades del éter, y en ellas se desposa
con la ulterior paloma de Noé;
mientras se obstina el tableteo
del rayo, por la nube cenagosa . . .

Tarde mojada, de hálitos labriegos,
en la cual reconozco estar hecho de barro,
porque en sus llantos veraniegos,
bajo el auspicio de la media luz,
el alma se licúa sobre los clavos
de su cruz . . .

Tardes en que el teléfono pregunta
por consabidas náyades arteras,
que salen del baño al amor
a volcar en el lecho las fatuas cabelleras
y a balbucir, con alevosía y con ventaja,
húmedos y anhelantes monosílabos,
según que la llovizna acosa las vidrieras . . .

Tardes como una alcoba submarina
con su lecho y su tina;
tardes en que envejece una doncella
ante el brasero exhausto de su casa,
esperando a un galán que le lleve una brasa;
tardes en que descienden
los ángeles, a arar surcos derechos
en edificantes barbechos;
tardes de rogativa y de cirio pascual;
tardes en que el chubasco
me induce a enardecer a cada una
de las doncellas frígidas con la brasa oportuna;

Wet earth, liquid afternoons
when rain whispers
and girls grow limp beneath
the drumming of raindrops on the roof . . .

Wet earth, redolent afternoons
when misanthropic desires rise through lewd
solitudes of air and, there, are wed
with Noah's farthest dove
as persistent lightning
crashes through murky clouds . . .

Wet afternoon in peasants' clothes
when I recognize that I am made of clay,
because in its summer weeping,
beneath the auspices of the half-light,
the soul turns to liquid upon the nails
of its cross . . .

Afternoons when the telephone rings
for those artful, languid naiads
who step from their bath to love,
to spread the conceit of their hair across the bed
and babble—with perfidy, and gain—
moist and yearning monosyllables
that echo rain upon the windowpanes . . .

Afternoons like a submersed chamber
with its bed and basin;
afternoons when a young girl ages
before the flameless brazier of her hearth,
awaiting a suitor who will bring a glowing coal . . .
afternoons when the angels
descend to plow straight furrows
in edifying fallow fields . . .
afternoons of prayer and Easter candles . . .
afternoons when cloudbursts
induce me to kindle each and any
shivering girl with the opportune ember . . .

tardes en que, oxidada
la voluntad, me siento
acólito del alcanfor,
un poco pez espada
y un poco San Isidro Labrador . . .

afternoons when, all volition
oxidized, I feel I am
a camphor-scented acolyte:
one part swordfish
and one part St. Isidore Laborer . . .

Ramón López Velarde (1888–1921) es una figura clave en la trayectoria de la poesía mexicana, uniendo la experimentación del modernismo de América Latina en la última parte del siglo XIX y la vanguardia de los años veinte. El contraste entre la ciudad y el pueblo natal, entre paisajes urbanos y pastoriles se repite en la dicotomía del deseo de López Velarde de rendirse ante los placeres de la carne y su reverencia por una mujer idealizada, a menudo representada en la figura de Fuensanta, el amor inmaculado de su juventud. A través de todos sus poemas corren los hilos de su fe religiosa, su patriotismo y un sentido contemplativo de la historia.

Juan Soriano (1920–) Durante más de cincuenta años, los dibujos de líneas sensuales, la escultura monumental y las ricas pinturas de Soriano han vivificado el mundo del arte mexicano. Aunque es de una generación más tardía, ha expresado en sus memorias y en su pintura una afinidad con los poemas de López Velarde. Soriano, autodidacta, ha escrito que su verdadera instrucción en el arte comenzó de adulto en los museos de Italia. Los dibujos que aparecen aquí se crearon expresamente para esta edición.

Ramón López Velarde (1888–1921) is a key figure in the trajectory of Mexican poetry, bridging the experimentation of the late nineteenth-century Latin American *modernismo* and the avant garde of the 1920s. The contrast between city and hometown, between urban and pastoral landscapes is repeated in the dichotomy of López Velarde's willing surrender to the pleasures of the flesh and his reverence for an idealized woman often represented in the figure of Fuensanta, the unsullied love of his youth. Through all his poems run the threads of religious faith, patriotism, and a contemplative sense of history.

Juan Soriano (1920–) For more than fifty years, Soriano's sensual line drawings, monumental sculpture, and rich paintings have enlivened the world of Mexican art. Although of a later generation, he has in his memoirs and in his painting expressed an affinity with the poems of López Velarde. Self-taught, Soriano has written that his true instruction in art began as an adult in the museums of Italy. The drawings that appear here were created expressly for this edition.

De los buches de tórtolas el reclamo *("El retorno maléfico")*
The throaty call of turtledoves *("Ill-Omened Return")*

El amor amoroso de las parejas pares ("El retorno maléfico")
The loving love of paired-off pairs ("Ill-Omened Return")

28

Te acecho entre dormidos y tupidos follajes ("La mancha de púrpura")
I stalk you through dense, dormant foliage ("The Purple Stain")

Y Agueda que tejía mansa y perseverante ("Mi prima Agueda")
And Agueda, persistently, meekly, knitting ("My Cousin Agueda")

Tus ojos nublados en una secuencia ("Boca flexible, ávida")
Your eyes mist during a passage ("Avid, Ambivalent Lips")

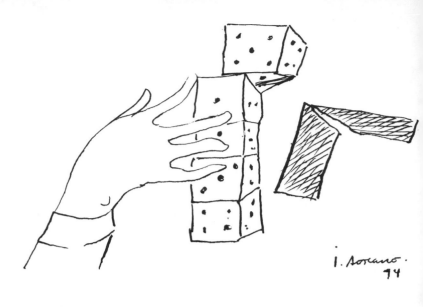

Como los dedos rosados de un párvulo ("Boca flexible, ávida")
Like the rosy fingers of a child ("Avid, Ambivalent Lips")

Verás...un puño esquelético ("Me estás vedada tú")
See a skeletal fist ("Forbidden")

"Noches de Hotel"
"Hotel Nights"

La muerte enjaulada (1983)
Caged death
Courtesy of Juan Soriano and Reyna Henaine-Larriva.

En el bosque del amor soy cazador furtivo (1967)
In the forest of love, I am a stealthy hunter
Photograph by *Javier Hinojosa.*
Colección Museo de Arte Moderno, México, D.F.

Me estás vedada tú (1966)
You are forbidden to me
Photograph by Javier Hinojosa.
Colección Museo de Arte Moderno, México, D.F.

La inestable eternidad de espuma (1966)
The immutable eternity of foam
Photograph by *Javier Hinojosa.*
Collección Museo de Arte Moderno, México, D.F.

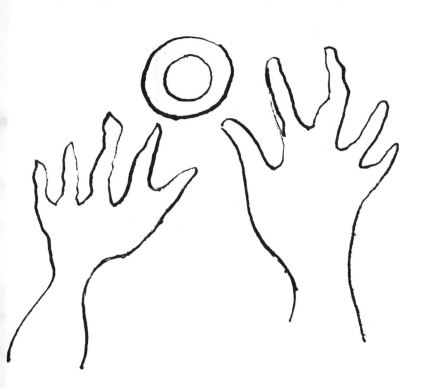

Como sangriente disco a la hoguera solar ("Mi corazón se amerita...")
Like a bloody discus to the sun ("My Heart Fares Better")

Consabidas náyades arteras ("Tierra mojada")
Those artful, languid naiads ("Wet Earth")

36

Santo Sacramento ("Humildemente")
Blessed Sacrament ("Humbly")

Mi vida es la amapola pasional ("Humildemente")
My life is the passionate poppy ("Humbly")

"*Día 13*"
"*The 13th*"

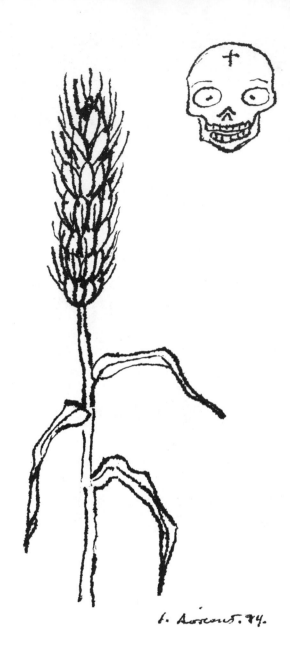

El año viene mal para los trigos ("El campanero")
It's a bad year for wheat ("The Bell Ringer")

"El sueño de los guantes negros"
"Dream of the Black Gloves"

A mi madre y a mis hermanas

Cuando me sobrevenga
el cansancio del fin,
me iré, como la grulla
del refrán, a mi pueblo,
a arrodillarme entre
las rosas de la plaza,
los aros de los niños
y los flecos de seda de los tápalos.

A arrodillarme en medio
de una banqueta herbosa,
cuando sacramentando
al reloj de la torre,
de redondel de luto
y manecillas de oro,
al hombre y a la bestia,
al azahar que embriaga
y a los rayos del sol,
aparece en su esteva el Divinísimo.

Abrazado a la luz
de la tarde que borda,
como al hilo de una
apostólica araña,
he de decir mi prez
humillada y humilde,
más que las herraduras
de la mansas acémilas
que conducen al Santo Sacramento.

"Te conozco, Señor,
aunque viajas de incógnito,
y a tu paso de aromas
me quedo sordomudo,
paralítico y ciego,
por gozar tu balsámica presencia.

"Tu carroza sonora
apaga repentina

HUMBLY . . .

To my mother and my sisters

When at the end
I am felled by fatigue,
I shall, like the crane
of the proverb, come home
to kneel amid
the roses in the plaza,
the children's hoops,
and the silken fringe of shawls.

Home to kneel in the middle
of a grass-grown path as
—administering the sacrament
to the clock in the tower
with its mourning face
and hands of gold,
to man and beast,
to heady orange blossoms,
even the rays of the sun—
the Most High appears in his chariot.

Clinging to a beam
of twilight embroidery
as to the thread of
an apostolic spider,
I shall declare my fame
humbled and humiliated,
lower than the shoes
of the docile burros
pulling the float of the Blessed Sacrament.

I recognize you, Lord,
though you travel incognito,
and at your fragrant passing
I am struck dumb,
paralyzed and blind,
for savoring your balsamic presence.

The sound of your chariot
suddenly arrests

el breve movimiento,
cual si fuesen las calles
una juguetería
que se quedó sin cuerda.

"Mi prima, con la aguja
en alto, tras sus vidrios,
está inmóvil con un gesto de estatua.

"El cartero aldeano
que trae nuevas del mundo,
se ha hincado en su valija.

"El húmedo corpiño
de Genoveva, puesto
a secar, ya no baila
arriba del tejado.

"La gallina y sus pollos
pintados de granizo
interrumpen su fábula.

"La frente de don Blas
petrificóse junto
a la hinchada baldosa
que agrietan las raíces de los fresnos.

"Las naranjas cesaron
de crecer, y yo apenas
si palpito a tus ojos
para poder vivir este minuto.

"Señor, mi temerario
corazón que buscaba
arrogantes quimeras,
se anonada y te grita
que yo soy tu juguete agradecido.

"Porque me acompasaste
en el pecho un imán
de figura de trébol
y apasionada tinta de amapola.

"Pero ese mismo imán
es humilde y oculto,

the erratic movement,
the streets grow still
as if the spring
had broken on a wind-up toy.

In the window, my cousin,
needle poised,
sits frozen as a statue.

The village mailman,
bringing news of the world,
has knelt down on his mailbag.

Genoveva's dripping
camisole, hung out
to dry, stops dancing
above the roof tiles.

The hen and her chicks,
speckled like hail,
suspend their gossiping.

The brow of don Blas
has turned as stony
as the heaved paving
cracked by roots of the ash trees.

Oranges have ceased
to grow, and I barely
quiver before your eyes
to be allowed to live this instant.

Lord, this reckless
heart that chased after
vainglorious chimeras
is conquered, and cries out to you
that I am but one of your grateful toys.

Because you fitted
a magnet in my breast
shaped like a clover leaf
and colored a passionate poppy-red.

This magnet, though,
is humble and concealed,

como el peine imantado
con que las señoritas
levantan alfileres
y electrizan su pelo en la penumbra.

"Señor, este juguete
de corazón de imán
te ama y te confiesa
con el íntimo ardor
de la raíz que empuja
y agrieta las baldosas seculares.

"Todo está de rodillas
y en el polvo las frentes;
mi vida es la amapola
pasional, y su tallo
doblégase efusivo
para morir debajo de tus ruedas."

like the magnetized comb
women use to
pick up pins and strike
sparks from their hair in the dark.

Lord, this toy
magnet heart
loves you and confesses
with the profound ardor
of the root that pushes up
and cracks the secular paving stones.

The world is kneeling,
foreheads in the dust;
my life is the passionate
poppy, and its stem
joyfully bows down
to die beneath your wheels.

Mi corazón retrógrado
ama desde hoy la temerosa fecha
en que surgiste con aquel vestido
de luto y aquel rostro de ebriedad.

Día 13 en que el filo de tu rostro
llevaba la embriaguez como un relámpago
y en que tus lúgubres arreos daban
una luz que cegaba al sol de agosto,
así como se nubla el sol ficticio
en las decoraciones
de los Calvarios de los Viernes Santos.

Por enlutada y ebria simulaste,
en la superstición de aquel domingo,
una fúlgida cuenta de abalorio
humedecida en un licor letárgico.

¿En qué embriaguez bogaban tus pupilas
para que así pudiesen
narcotizarlo todo?
                    Tu tiniebla
guiaba mis latidos, cual guiaba
la columna de fuego al israelita.

Adivinaba mi acucioso espíritu
tus blancas y fulmíneas paradojas:
el centelleo de tus zapatillas,
la llamarada de tu falda lúgubre,
el látigo incisivo de tus cejas
y el negro luminar de tus cabellos.

Desde la fecha de superstición
en que colmaste el vaso de mi júbilo,
mi corazón oscurantista clama
a la buena bondad del mal agüero;
que si mi sal se riega, irán sus granos
trazando en el mantel tus iniciales;
y si estalla mi espejo en un gemido,
fenecerá diminutivamente
como la desinencia de tu nombre.

THE 13TH

My retrograde heart,
beginning today, will revere the dread date
on which you appeared wearing that black
mourning dress and that pixilated face.

The 13th, when your profile flashed
the lightning of inebriation
and your inky trappings glowed
with a light that blinded the August sun,
just as the fictitious sun
of the Via Crucis
is shrouded on Good Friday.

All in black, and tipsy,
amid the superstition of that Sunday,
you shone like a sparkling jet bead
submersed in a lethargic liqueur.

In what intoxication did your pupils swim
that enabled them to narcotize
everything they saw?
                                    Your darkness
drew my heartbeats, as the column
of fire guided the Israelite.

With true fanaticism, I divined
your bright and fulminant paradoxes:
the twinkle of your somber slippers,
the blaze of your funereal skirt,
the incisive flick of your eyebrows,
and the luminary black of your hair.

Since that day of superstition
when you filled the cup of my jubilation,
my obscurantist heart demands
a beneficial benefit from every bad omen:
so that if I spill salt, the grains
should trace your initials on the tablecloth,
and if my mirror shatters with a groan,
it should perish sweetly,
like the diminutive of your name.

Superstición, consérvame el radioso
vértigo del minuto perdurable
en que su traje negro devoraba
la luz desprevenida del cenit,
y en que su falda lúgubre era un bólido
por un cielo de hollín sobrecogido . . .

Superstition, let me hold the radiant
vertigo of the everlasting moment
when your black dress devoured
the unsuspecting light of high noon,
and when your lugubrious skirt was a meteor
snuffed out by a sooty sky. . . .

EL CAMPANERO

Me contó el campanero esta mañana
que el año viene mal para los trigos.
Que Juan es novio de una prima hermana
rica y hermosa. Que murió Susana.
El campanero y yo somos amigos.

Me narró de sus juventudes
y con su voz cascada de hombre fuerte,
al ver pasar los negros ataúdes
me hizo la narración de mil virtudes
y hablamos de la vida y de la muerte.

—¿Y su boda, señor?
                    —Cállate, anciano.

—¿Será para el invierno?
                    —Para entonces,
y si vives aún cuando su mano
me dé la Muerte, campanero hermano,
haz doblar por mi ánima tus bronces.

THE BELL RINGER

The bell ringer told me this morning
I should know it's a bad year for wheat.
That Juan's the beau of a beautiful,
rich cousin. That Susana died.
We're good friends, the bell ringer and I.

He told me about his youthful loves
and his strong voice cracked as he
watched black coffins pass, inspiring
tales of a thousand virtuous acts,
then we talked more about life and death.

"And your wedding, Señor?"
                              "Hush, old man."

"Will it be winter?"
                        "Yes, about then . . .
If you're alive, friend bell ringer,
when Death offers his hand, toll
your bells for my soul, again and again."

Ya no puedo dudar . . . Diste muerte a mi cándida
niñez, toda olorosa a sacristía, y también
diste muerte al liviano chacal de mi cartuja.
Que sea para bien . . .

Ya no puedo dudar . . . Consumaste el prodigio
de, sin hacerme daño, sustituir mi agua clara
con un licor de uvas . . . Y yo bebo
el licor que tu mano me depara.

Me revelas la síntesis de mi propio Zodíaco
el León y la Virgen. Y mis ojos te ven
apretar en los dedos—como un haz de centellas—
éxtasis y placeres. Que sea para bien . . .

Tu palidez denuncia que en tu rostro
se ha posado el incendio y ha corrido la lava . . .
Día último de marzo; emoción, aves, sol . . .
Tu palidez volcánica me agrava.

¿Ganaste ese prodigio de pálida vehemencia
al huir, con un viento de ceniza,
de una ciudad en llamas? ¿O hiciste penitencia
revolcándote encima del desierto? ¿O, quizá,
te quedaste dormida en la vertiente
de un volcán, y la lava corrió sobre tu boca
y calcinó tu frente?

¡Oh tú, reveladora, que traes un sabor
cabal para mi vida, y la entusiasmas:
tu triunfo es sobre un motín de satiresas
y un coro plañidero de fantasmas!

Yo estoy en la vertiente de tu rostro, esperando
las lavas repentinas que me den
un fulgurante goce. Tu victorial y pálido
prestigio ya me invade . . . ¡Que sea para bien!

No doubt at all. . . . You put an end to my guileless
youth, strongly scented of the sacristy, and you also
killed the lustful jackal in my private monastery.
May it be for the best. . . .

No doubt at all. . . . You performed the miracle,
with no harm to me, of replacing crystalline water
with heady grape liquors. . . . And I sip
the liquors that your hand offers.

You show me the synthesis of my personal Zodiac:
the Lion and Virgin. And my eyes watch as your
fingers close round—as round a sheaf of sparks—
ecstasy and pleasure. May it be for the best. . . .

Your pallor proclaims that the contours of your face
have been etched by fire and ravaged by lava.
The last day of March: emotion, birds, sun . . .
Your volcanic paleness weighs on me.

Did you acquire that marvel of fiery pallor
fleeing, with the ash-dark wind,
from a city in flames? Or did you do penance
writhing in desert sands? Or perhaps
you fell asleep on the slope of
a volcano, as lava flowed over your lips
and bleached your brow bone-white.

Agent of revelation, you bring a taste of
wholeness to my life and fill it with excitement:
you have triumphed over a riot of nymphs
and a moaning chorus of ghosts.

And now I am on the slope of your face, awaiting
the sudden gush of lava that will suffuse me with
resplendent joy. I am invaded by your victorious,
pale spell. . . . May it be for the best!

Soñé que la ciudad estaba dentro
del más bien muerto de los mares muertos.
Era una madrugada del invierno
y lloviznaban gotas de silencio.

No más señal viviente, que los ecos
de una llamada a misa, en el misterio
de una capilla oceánica, a lo lejos.

De súbito me sales al encuentro,
resucitada y con tus guantes negros.

Para volar a ti, le dio su vuelo
el Espíritu Santo a mi esqueleto.

Al sujetarme con tus guantes negros
me atrajiste al océano de tu seno,
y nuestras cuatro manos se reunieron
en medio de tu pecho y de mi pecho,
como si fueran los cuatro cimientos
de la fábrica de los universos.

¿Conservabas tu carne en cada hueso?
El enigma de amor se veló entero
en la prudencia de tus guantes negros . . .

¡Oh, prisionera del valle de Méjico!
Mi carne . . .* de tu ser perfecto
quedarán ya tus huesos en mis huesos;
y el traje, el traje aquel, con que tu cuerpo
fue sepultado en el valle de Méjico;
y el figurín aquel, de pardo género
que compraste en un viaje de recreo . . .

Pero en la madrugada de mi sueño,
nuestras manos, en un circuito eterno
la vida apocalíptica vivieron.

1921, póstuma

---

*Los puntos suspensivos indican palabras ilegibles en el original.

DREAM OF THE BLACK GLOVES

I dreamt that the city was somewhere
deep within the deadest of the dead seas.
It was early one winter morning
and it was drizzling drops of silence.

The only signs of life were echoes
from a bell tolling mass, far away,
in the mystery of an oceanic chapel.

Suddenly you are standing before me,
alive, and wearing your black gloves.

To fly to you, the Holy Spirit
lent the gift of flight to my skeleton.

You grasped me with your black gloves
and drew me to the ocean of your bosom,
and our four hands were again cemented
between your breast and mine,
as if they were the four foundations
of the foundry of the universes.

Did your flesh still cling to every bone?
The enigma of love was wholly concealed
beneath the prudence of your black gloves.

O prisoner of the valley of Mexico!
My flesh [yearns*] for your perfection,
for your bones to rest upon my own;
that dress, that dress in which
you were buried in the valley of Mexico;
and that designer's model in the dark fabric
you bought on a recent holiday. . . .

But in the early morning of my dream,
our hands, in uninterrupted orbit,
lived the apocalypse . . .

***

*Illegible in manuscript.
***An unfinished stanza is omitted here.

Soñé que comulgaba, que brumas espectrales
envolvían mi pueblo, y que Nuestra Señora
me miraba llorar y anegar su Santuario.

Tanto lloré, que al fin mi llanto rodó afuera
e hizo crecer las calles como en un temporal;
y los niños echaban sus barcos papeleros,
y mis paisanas, con la falda hasta el huesito,
según se dice en la moda de la provincia,
cruzaban por mi llanto con vuelos insensibles,
y yo era ante la Virgen, cabizbaja y benévola,
el lago de las lágrimas y el río del respeto...

Casi no he despertado de aquella maravilla
que enlazara mis Últimos óleos con mi Bautismo;
un día quise ser feliz por el candor,
otro día, buscando mariposas de sangre,
mas revestido ya con la capa de polvo
de la santa experiencia, sé que mi corazón,
hinchado de celestes y rojas utopías,
guarda aún su inocencia, su venero de luz:
¡el lago de las lágrimas y el río del respeto!

DREAM OF INNOCENCE

I dreamt that I was taking communion, that ghostly
fog enfolded my village, and that Our Lady
was watching as I wept, inundating her Sanctuary.

I wept so hard that finally my tears flowed outside
and flooded the streets, as if in a summer storm;
the children set their paper boats afloat
and country girls— skirts hiked higher
than seemly, as they say in the provinces—
waded through my tears without taking note
as I stood before the pensive, benevolent Virgin . . .
the lake of tears and the river of respect.

I have never truly awakened from that marvel
that will link my last rites with my baptism;
one day I tried to be happy through innocence,
another day, by chasing butterflies of blood,
but now, coated with a powdery layer of
the experience of holiness, I know that my heart,
engorged with celestial, carmine utopias,
still holds its innocence, its source of light:
the lake of tears and the river of respect!

A SARA

A J. de J. Núñez y Domínguez

A mi paso y al azar te desprendiste
como el fruto más profano
que pudiera concederme la benévola
actitud de este verano.

(Blonda Sara, uva en sazón: mi apego franco
a tu persona, hoy me incita
a burlarme de mi ayer, por la inaudita
buena fe con que creí mi sospechosa
vocación, la de un levita.)

Sara, Sara: eres flexible cual la honda
de David y contundente
como el lírico guijarro del mancebo;
y das, paralelamente,
una tortura de hielo y una combustión de pira;
y si en vértigo de abismo tu pelo se desmadeja,
todavía, con brazo heroico
y en caída acelerada, sostienes a tu pareja.

Sara, Sara, golosina de horas muelles;
racimo copioso y magno de promisión, que fatigas
el dorso de dos hebreos:
siempre te sean amigas
la llamarada del sol y del clavel; si tu brava
arquitectura se rompe como un hilo inconsistente,
que bajo la tierra lóbrega
esté incólume tu frente;
y que refulja tu blonda melena, como tesoro
escondido; y que se guarden indemnes como real sello
tus brazos y la columna
de tu cuello.

TO SARA

For J. de J. Núñez y Domínguez

You chanced, as I passed by, to drop free,
the most irreverent windfall
the summer's benevolent grace
could bestow on me.

(Blonde Sara, ripe grape: today's frank
fascination compels me to ridicule
my yesterday, and deny the foolish
credence I, the young Levite, placed
in my dubious vocation.)

Sara, Sara: you are as pliant as David's
sling, as bruising
as his lyric pebble;
with that dual essence come
both icy torment and the pyre's candescence,
and although in the chasm's vertigo your hair may fall,
in that ever-more-dizzying descent your lover,
confident, is safe within heroic arms.

Sara, Sara: sweetmeat of hedonistic hours,
fruit so lush, so great with promise, you bow
the backs of two Hebrews;
may you be forever warmed by
blazing sun and carnation's flame; but should
the backbone of your being snap like an imperfect thread,
then may your brow, deep beneath
the grieving earth, somehow be spared,
and may your golden tresses shine
like buried treasure, and, like a royal seal,
may your arms, and the column of your throat,
lie inviolate.

¿Dónde estará la niña
que en aquel lugarejo
una noche de baile
me habló de sus deseos
de viajar, y me dijo
su tedio?

Gemía el vals por ella,
y ella era un boceto
lánguido: unos pendientes
de ámbar, y un jazmín
en el pelo.

Gemían los violines
en el torpe quinteto . . .
E ignoraba la niña
que al quejarse de tedio
conmigo, se quejaba
con un péndulo.

Niña que me dijiste
en aquel lugarejo
una noche de baile
confidencias de tedio:
dondequiera que exhales
tu suspiro discreto,
nuestras vidas son péndulos . . .

Dos péndulos distantes
que oscilan paralelos
en una misma bruma
de invierno.

c. 1915

OUR LIVES ARE PENDULUMS

I wonder where she is,
the girl who at the dance
in that small town
one night told me she wanted
to travel, and unburdened
her boredom to me.

The waltz moaned for her;
she was a languid mannequin,
amber drop earrings
and a jasmine
blossom in her hair.

Violins moaned
in the second-rate quintet . . .
What the girl couldn't know
was that when she complained to me
of boredom, she was complaining
to a pendulum.

So, to you, girl, who told me
your secrets of boredom
at the dance that night
in that small town:
wherever you are exhaling
your discreet sighs . . .
our lives are pendulums.

Two widely separated pendulums
swinging symmetrically
in the same wintry
fog.

Mi carne pesa, y se intimida
porque su peso fabuloso
es la cadena estremecida
de los cuerpos universales
que se han unido con mi vida.

Ambar, canela, harina y nube
que en mi carne al tejer sus mimos,
se eslabonan con el efluvio
que ata los náufragos racimos
sobres las crestas del Diluvio.

Mi alma pesa, y se acongoja
porque su peso es el arcano
sinsabor de haber conocido
la Cruz y la floresta roja
y el cuchillo del cirujano.

Y aunque todo mi ser gravita
cual un orbe vaciado en plomo
que en la sombra paró su rueda,
estoy colgado en la íntima
agilidad del éter, como
de un hilo escuálido de seda.

Gozo . . . Padezco . . . Y mi balanza
vuela rauda con el beleño
de las esencias del rosal:
soy un harem y un hospital
colgados juntos de un ensueño.

Voluptuosa Melancolía:
en tu talle mórbido enrosca
el Placer su caligrafía
y la Muerte su garabato,
y en un clima de ala de mosca
la Lujuria toca a rebato.

Mas luego las samaritanas,
que para mí estuvieron prestas
y por mí dejaron sus fiestas,
se irán de largo al ver mis canas,

Awed, my flesh weighs on me;
its extraordinary weight
is part of the quivering chain
of universal beings who
with my life form one totality.

Amber, cinnamon, flour, cloud,
weaving their drama in my flesh,
are connected with effluvia that
mesh together drowning branches
on the cresting waters of the Flood.

Anguished, my soul weighs on me;
its weight is the arcane
melancholy of having known
the Cross, the scarlet thicket,
and scalpel of the surgery.

Though, like a sphere cast in lead,
my being is drawn to the earth
and rolls only to stall in shadow,
I am suspended in infinite
ethereal movement, as if
hanging by a fine silken thread.

I revel . . . suffer . . . my weighbeam
dips madly with the toxin
of the essences of rose:
I am a harem and a hospice
dangling together from a daydream.

Voluptuous melancholy: the charms
of Pleasure's calligraphy
twine about the soft body on
which Death inscribes its scrawl,
and in a climate of chicanery
Lust sounds a call to arms.

But all the good Samaritans,
ladies who waited just for me
and for me left their celebrations,
flee upon seeing my gray head

y en su alborozo, rumbo a Sión,
buscarán el torrente endrino
de los cabellos de Absalón.

¡Lumbre divina, en cuyas lenguas
cada mañana me despierto:
un día, al entreabrir los ojos,
antes que muera estaré muerto!

Cuando la última odalisca,
ya descastado mi vergel,
se fugue en pos de nueva miel
¿qué salmodia del pecho mío
será digna de suspirar
a través del harem vacío?

Si las victorias opulentas
se han de volver impedimentas,
si la eficaz y viva rosa
queda superflua y estorbosa,
¡oh, Tierra ingrata, poseída
a toda hora de la vida:
en esa fecha de ese mal,
hazme humilde como un pelele
a cuya mecánica duele
ser solamente un hospital!

and set out, rejoicing, on the road
to Zion, in search of the sloe-black,
flowing locks of Absolom.

O divine fire, in whose red
tongues I awake each morning: one day
on waking I shall discover that
I am not dying, but already dead.

Knowing all is fallow in my garden,
the last odalisque will depart
to follow after new milk and honey,
then what psalmody from within
my breast will be worthy of
sighing through the empty harem?

If opulent victories are dismissed
as nothing but impediment,
if the vivid and flowering rose
becomes gratuitous and burdensome,
then, ungrateful Land, with me
every hour since my genesis:
on the day of that misfortune
make me humble as a puppet
whose inner mechanisms ache
to be more than just a hospice.

En las alas obscuras de la racha cortante
me das, al mismo tiempo una pena y un goce:
algo como la helada virtud de un seno blando,
algo en que se confunden el cordial refrigerio
y el glacial desamparo de un lecho de doncella.

He aquí que en la impensada tiniebla de la muda
ciudad, eres un lampo ante las fauces lóbregas
de mi apetito; he aquí que en la húmeda tiniebla
de la lluvia, trasciendes a candor como un lino
recién lavado, y hueles, como él, a cosa casta;
he aquí que entre las sombras regando estás la esencia
del pañolín de lágrimas de alguna buena novia.

Me embozo en la tupida obscuridad, y pienso
para ti estos renglones, cuya rima recóndita
has de advertir en una pronta adivinación
porque son como pétalos nocturnos, que te llevan
un mensaje de un singular calosfrío;
y en las tinieblas húmedas me recojo, y te mando
estas sílabas frágiles en tropel, como ráfaga
de misterio, al umbral de tu espíritu en vela.

Toda tú deshaces sobre mí como una
escarcha, y el translúcido meteoro prolóngase
fuera del tiempo; y suenan tus palabras remotas
dentro de mí, con esa intensidad quimérica
de un reloj descompuesto que da horas y horas
en una cámara destartalada . . .

On the night-black wings of the chilling wind
you send both sorrow and delight: something
akin to the icy virtue of a yielding breast,
something blending the cordial consolation
and gelid vulnerability of a virgin's bed.

Truth: in the fortuitous darkness of the silent city
you are inviting brightness to the doleful maws
of my appetite. Truth: in the misty darkness of the
rain you exude candor like freshly washed linen
and, like it, impart the scent of chastity.
Truth: among the shadows you disseminate the essence
of a childhood sweetheart's tear-stained handkerchief.

I cloak myself in the opaque darkness, and for you
compose these lines, whose recondite rhyme will
reveal itself in a flash of divination, each
word a nocturnal petal whose message sends
an unfamiliar shiver up and down your spine;
and I step back into the misty darkness and send
these fragile syllables, scudding like a gust of mystery,
to the threshold of your wakeful consciousness.

Transformed, your being settles over me
like frost, and the translucent meteor is prolonged
outside of time; from the far distance your words
resound within me, with the chimerical intensity
of a deranged clock striking hour after hour
in a dismantled room. . . .

Ya que tu voz, como un muelle vapor, me baña
y mis ojos, tributos a la eterna guadaña,
por ti osan mirar de frente el ataúd;
ya que tu abrigo rojo me otorga una delicia
que es mitad friolenta, mitad cardenalicia,
antes que en la veleta llore el póstumo alud;
ya que por ti ha lanzado a la Muerte su reto
la cerviz animosa del ardido esqueleto
predestinado al hierro del fúnebre dogal;
te honro en el espanto de una perdida alcoba
de nigromante, en que tu yerta faz se arroba
sobre una tibia, como sobre un cabezal;
y porque eres, Amada, la armoniosa elegida
de mi sangre, sintiendo que la convulsa vida
es un puente de abismo en que vamos tú y yo,
mis besos te recorren en devotas hileras
encima de un sacrílego manto de calaveras
como sobre una erótica ficha de dominó.

IN MY TERROR, I HONOR YOU

It is because your voice washes over me like a
gentle mist, because of you that, ever respectful
of the Reaper, I do not blanch as I regard the tomb,
it is because your scarlet haven grants me a delight
half marmoreal, half cardinalate, before
the weather-vane moans the posthumous avalanche,
and because of you that the emboldened skeleton whose
neck was destined for the steely vise of a lethal
noose dared fling down the gauntlet to Death.
I honor you in the terror of a necromancer's forgotten
chamber, where you lie entranced upon a tibia, as if
upon a queenly pillow, your face expressionless,
and because, Beloved, you are my blood's harmonious
elect, believing that this convulsive life is
a bridge across which you and I must go,
my kisses rain down on you devoutly where
you lie upon a sacrilegious mantle of skulls
as if upon the pallet of an erotic domino.

MEMORIAS DEL CIRCO

A Carlos González Peña

Los circos trashumantes,
de lamido perrillo enciclopédico
y desacreditados elefantes,
me enseñaron la cómica friolera
y las magnas tragedias hilarantes.

El aeronauta previo,
colgado de los dedos de los pies,
era un bravo cosmógrafo al revés
que, si subía hasta asomarse al Polo
Norte, o al Polo Sur, también tenía
cuestiones personales con Eolo.

Irrumpía el payaso
como una estridencia
ambigua, y era a un tiempo
manicomio, niñez, golpe contuso,
pesadilla y licencia.
Amábanlo los niños
porque salía de una bodega mágica
de azúcares. Su faz sólo era trágica
por dos lágrimas sendas de carmín.
Su polvosa apariencia toleraba
tenerlo por muy limpio o por muy sucio,
y un cónico bonete era la gloria
inestable y procaz de su occipucio.

El payaso tocaba a la amazona
y la hallaba de almendra,
a juzgar por la mímica fehaciente
de toda su persona
cuando llevaba el dedo temerario
hasta la lengua cínica y glotona.
Un día en que el payaso dio a probar
su rastro de amazona al ejemplar
señor Gobernador de aquel Estado,
comprendí lo que es
Poder Ejecutivo aturrullado.

CIRCUS MEMORIES

For Carlos González Peña

Those traveling circuses,
with the encyclopedic chichi pooch
and irrelevant elephants
taught me about comic triviality
and the grandeur of uproarious tragedy.

The earlier aerialist
hanging by the tips of his nervy toes
was a dashing if topsy-turvy cosmographer
who, if he kept climbing until he found where
the north, or south, pole was, would also
have personal questions for Aeolus.

The clown erupted
in strident
ambiguity, in one essence,
madhouse, childhood, contusion,
nightmare, and license.

The children loved him
because he burst from a magic candy
land. Only his face was tragic,
saddened by two crimson tears.
Beneath all the dust he
could have been filthy or spic and span,
and a teetering but impudent
dunce cap crowned his clownly cranium.

This clown touched the Amazon
and found her to taste of marzipan,
sublime, to judge by the convincing
mime he performed
when he raised that bold finger
to a cynical and gluttonous tongue.
When one day the clown offered
a trace of Amazon taste
to the distinguished Governor of the State,
I understood what
Executive Power is, undone.

¡Oh remoto payaso: en el umbral
de mi infancia derecha
y de mis virtudes recién nacidas
yo no puedo tener una sospecha
de amazonas y almendras prohibidas!

Estas almendras raudas
hechas de terciopelos y de trinos
que no nos dejen ni tocar sus caudas . . .
Los adioses baldíos
a las augustas Evas redivivas
que niegan la migaja, pero inculcan
en nuestra sangre briosa una patética
mendicidad de almendras fugitivas . . .

Había una menuda cuadrumana
de enagüilla de céfiro
que, cabalgando por el redondel
con azoros de humana,
vencía los obstáculos de inquina
y los aviesos aros de papel.

Y cuando a la erudita
cavilación de Darwin
se le montaba la enagüilla obscena,
la avisada monita
se quedaba serena,
como ante un espejismo,
despreocupada lastimosamente
de su desmantelado transformismo.

La niña Bell cantaba:
"Soy la paloma errante";
y de botellas y de cascabeles
surtía un abundante
surtidor de sonidos
acuáticos, para la sed acuática
de papás aburridos,
nodriza inverecunda
y prole gemebunda.

O clown from the past: on the threshold
of my upright youth,
my values newly drawn,
how could I even suspect the truth
about forbidden Amazons and marzipan!

Impetuous almond treats
wrapped in velvet and trills
and a silken train to thrill but never touch.

Those empty goodbyes
to august, retrieved Eves
who withheld the least crumb but injected
into our boiling blood a pathetic
craving for the evanescent scent of almond . . .

There was a minikin monkey
in sapphire blue petticoats
who galloped around the ring
with a look of human perplexity,
mastering the intricacy of hostile obstacles
and malevolent paper hoops.

And when they placed
the obscene tutu on the
erudite example of Darwin's cavillation,
the sagacious little primate
sat unruffled in her ruffles,
as if viewing a mirage,
piteously unperturbed
about her ruinous transformation.

Little Miss Bell sang
"I Am the Dove on the Wing,"
as from bottles and bells
issued a bounteous
spring of aqueous gurgles
for the aqueous thirsts
of apathetic Papás,
brazen wet nurses
and sobbing offspring.

¡Oh memoria del circo! Tú te vas
adelgazando en el frecuente síncope
del latón sin compás;
en la apesadumbrada
somnolencia del gas;
en el talento necio
del domador aquel que molestaba
a los leones hartos, y en el viudo
oscilar del trapecio . . .

O circus memories! You are
growing faint in the recurring
syncopation of off-beat brass;
in the mournful
somnolence of gas,
in the fatuous prowess
of the tamer teasing
glutted lions, and in the widowed
swing of the trapeze. . . .

PROEMIO

Yo que sólo canté de la exquisita
partitura del íntimo decoro,
alzo hoy la voz a la mitad del foro,
a la manera del tenor que imita
la gutural modulación del bajo,
para cortar a la epopeya un gajo.

Navegaré por las olas civiles
con remos que no pesan, porque van
como los brazos del correo chuan
que remaba la Mancha con fusiles.

Diré con una épica sordina:
la Patria es impecable y diamantina.

Suave Patria: permite que te envuelva
en la más honda música de selva
con que me modelaste por entero
al golpe cadencioso de las hachas,
entre risas y gritos de muchachas
y pájaros de oficio carpintero.

PRIMER ACTO

Patria: tu superficie es el maíz,
tus minas el palacio del Rey de Oros,
y tu cielo, las garzas en desliz
y el relámpago verde de los loros.

El Niño Dios te escrituró un establo
y los veneros del petróleo el diablo.

Sobre tu Capital, cada hora vuela
ojerosa y pintada, en carretela;
y en tu provincia, del reloj en vela
que rondan los palomos colipavos,
las campanadas caen como centavos.

Patria: tu mutilado territorio
se viste de percal y de abalorio.

SUAVE PATRIA: SWEET LAND

INTROIT

I who have sung only the exquisite
score of personal decorum,
today, at center stage, raise my voice
in the manner of a tenor's imitations
of the bass's deep-throated tones
to carve an ode from an epic poem.

I shall navigate through civil waves
with weightless oars, like that
patriot of yore who, with only a rifle,
rowed across the English Channel.

In a muted epic I shall tell that
our land is diamantine, impeccable.

Sweet Land: let me engulf you
in the deepest music of the jungle,
music that molded my expression,
sounds of the rhythmic cadences of axes,
young girls' cries and laughter,
and birds of the carpenter profession.

ACT ONE

Patria: your surface is the gold of maize,
below, the palace of gold medallion kings,
your sky is filled with the heron's flight
and green lightning of parrots' wings.

God-the-Child deeded you a stable,
lust for oil was the gift of the devil.

Above your Capital the hours soar,
hollow-eyed and rouged, in a coach-and-four,
while in your provinces the hours
roll like *centavos* from insomniac
clocks with fan-tail dove patrols.

Patria: your maimed terrain
is clothed in beads and bright percale.

Suave Patria: tu casa todavía
es tan grande, que el tren va por la vía
como aguinaldo de juguetería.

Y en el barullo de las estaciones,
con tu mirada de mestiza, pones
la inmensidad sobre los corazones.

¿Quién, en la noche que asusta a la rana,
no miró, antes de saber del vicio,
del brazo de su novia, la galana
pólvora de los fuegos de artificio?

Suave Patria: en tu tórrido festín
luces policromías de delfín,
y con tu pelo rubio se desposa
el alma, equilibrista chuparrosa,
y a tus dos trenzas de tabaco sabe
ofrendar aguamiel toda mi briosa
raza de bailadores de jarabe.

Tu barro suena a plata, y en tu puño
su sonora miseria es alcancía;
y por las madrugadas del terruño,
en calles como espejos, se vacía
el santo olor de la panadería.

Cuando nacemos, nos regalas notas,
después, un paraíso de compotas,
y luego te regalas toda entera,
suave Patria, alacena y pajarera.

Al triste y al feliz dices que sí,
que en tu lengua de amor prueben de ti
la picadura del ajonjolí.

¡Y tu cielo nupcial, que cuando truena
de deleites frenéticos nos llena!
Trueno de nuestras nubes, que nos baña
de locura, enloquece a la montaña,
requiebra a la mujer, sana al lunático,
incorpora a los muertos, pide el Viático,
y al fin derrumba las madererías
de Dios, sobre las tierras labrantías.

Sweet Land: your house is still
so vast that the train rolling by seems
only a diminutive Christmas toy.

And in the tumult of the stations,
your brown-skinned face imparts
that immensity to every heart.

Who, on a dark and ominous night
has not, before he knew wrong, held
tight his sweetheart's arm to watch
the splendor of a fireworks display?

Patria: in your tropical abundance
you shimmer with the dolphin's iridescence;
the soul, an aerialist hummingbird,
plights its troth with your golden hair,
and, as offering to your tobacco braids,
my lively race of *jarabe* dancers
bring their honeyed maguey waters.

Your soil rings of silver, and in your hand
even poverty's piggy-bank rattles a tune,
and in early mornings across the land,
through streets like mirrors, spread
the blessed aromas of fresh-baked bread.

When we are born, you give us notes,
and compotes worthy of Paradise,
then, Sweet Land, your whole being,
all the bounty of earth and air.

To the sad and the joyful you say *sí,*
that on your loving tongue they savor
your tangy flavor of sesame.

When it thunders, your nuptial sky
fills us with frenzy and delight.
Thunderous clouds, that drench us
with madness, madden the mountain,
mend the lunatic, woo the woman,
raise the dead, demand the Viaticum,
and then, finally, fling God's lumber
across tilled fields shaken with thunder.

Trueno del temporal: oigo en tus quejas
crujir los esqueletos en parejas,
oigo lo que se fue, lo que aún no toco
y la hora actual con su vientre de coco,
y oigo en el brinco de tu ida y venida,
oh trueno, la ruleta de mi vida.

INTERMEDIO

Cuauhtémoc

Joven abuelo: escúchame loarte,
único héroe a la altura del arte.

Anacrónicamente, absurdamente,
a tu nopal inclínase el rosal;
al idioma del blanco, tú lo imantas
y es surtidor de católica fuente
que de responsos llena el victorial
zócalo de ceniza de tus plantas.

No como a César el rubor patricio
te cubre el rostro en medio del suplicio:
tu cabeza desnuda se nos queda,
hemisféricamente, de moneda.

Moneda espiritual en que se fragua
todo lo que sufriste: la piragua
prisionera, el azoro de tus crías,
el sollozar de tus mitologías,
la Malinche, los ídolos a nado,
y por encima, haberte desatado
del pecho curvo de la emperatriz
como del pecho de una codorniz.

SEGUNDO ACTO

Suave Patria: tú vales por el río
de las virtudes de tu mujerío;
tus hijas atraviesan como hadas,
o destilando un invisible alcohol,

Thunderous storm: I hear in your groans
the rattling of coupled skeletons,
I hear the past and what is to come,
I hear the present with its coconut drum.
And in the sound of your coming and going
I hear life's roulette wheel, spinning, spinning. . . .

INTERMISSION

Cuauhtemoc

Forever-young grandfather, hear my praise
for the only hero worthy of art.

Anachronistic, farcical,
the rose bows to your nopal;
you magnetize the Spaniard's language,
the spout from which flow Catholic prayers
to fill the triumphant *zócalo* where
the soles of your feet were scorched to ash.

Unlike Cesar, no patrician flush
suffused your face during your pain;
today, your unwreathed head appears,
hemispherically, on a coin.

A spiritual coin upon which is etched
all you suffered: the hollowed-out pirogue
of your capture, the chaos of your creatures,
the sobbing of your mythologies,
the swimming idols, and the Malinche,[1]
but most to bewail is your having been severed
from the curved breast of the empress
as from the breast of a quail.

SECOND ACT

Suave Patria, this is your omen:
the river of virtues of your women.
Your daughters move like sylphs, or,
distilling an invisible alcohol,

[1]Malinche, Cortés's Indian translator, a symbol of betrayal.

vestidas con las redes de tu sol,
cruzan como botellas alambradas.

Suave Patria: te amo no cual mito,
sino por tu verdad de pan bendito,
como a niña que asoma por la reja
con la blusa corrida hasta la oreja
y la falda bajada hasta el huesito.

Inaccesible al deshonor, floreces;
creeré en ti, mientras una mejicana
en su tápalo lleve los dobleces
de la tienda, a las seis de la mañana,
y al estrenar su lujo, quede lleno
el país, del aroma del estreno.

Como la sota moza, Patria mía,
en piso de metal, vives al día,
de milagro, como la lotería.

Tu imagen, el Palacio Nacional,
con tu misma grandeza y con tu igual
estatura de niño y de dedal.

Te dará, frente al hambre y al obús,
un higo San Felipe de Jesús.

Suave Patria, vendedora de chía:
quiero raptarte en la cuaresma opaca,
sobre un garañón, y con matraca,
y entre los tiros de la policía.

Tus entrañas no niegan un asilo
para el ave que el párvulo sepulta
en una caja de carretes de hilo,
y nuestra juventud, llorando, oculta
dentro de ti el cadáver hecho poma
de aves que hablan nuestro mismo idioma.

Si me ahogo en tus julios, a mí baja
desde el vergel de tu peinado denso

webbed in the netting of your sun,
file by like graceful demijohns.

Patria, I love you not as myth
but for the communion of your truth,
as I love the child peering over the rail,
in a blouse buttoned up to her eartips
and skirt to her ankle of fine percale.

Impervious to dishonor, you flower.
I shall believe in you as long as
at the dawn hour one Mexican woman
carries home dough in her shawl,
and from the oven of its inauguration
the aroma spreads across the nation.

Like a Queen of Hearts, *Patria*, tapping
a vein of silver, you live miraculously,
for the day, like the national lottery.

Your image is the Palacio Nacional,
the same grandeur, and the identical
stature of a boy and a thimble.

In the face of hunger and mortar, Felipe de Jesús,[2]
saint and martyr, will give you a fig.

Suave Patria, gentle vendor of *chía*,[3]
I want to bear you away in the dark of Lent,
riding a fiery stallion, disturbing
the peace, and dodging shots from police.

Patria, your heart will always have room
for the bird a youngster tenderly
entombs in an empty spool box;
yes, in you our young hide, weeping,
the dried-apple cadavers
of birds that speak our own tongue.

If I am stifling in your July, send me
from the orchard of your hair the cool air

[2]On the day of his crucifixion in Japan, a dead fig tree
 sprang miraculously back to life at his home.
[3]Drink made of sage seeds, lemon juice, and sugar.

frescura de rebozo y de tinaja,
y si tirito, dejas que me arrope
en tu respiración azul de incienso
y en tus carnosos labios de rompope.

Por tu balcón de palmas bendecidas
el Domingo de Ramos, yo desfilo
lleno de sombra, porque tú trepidas.

Quieren morir tu ánima y tu estilo,
cual muriéndose van las cantadoras
que en las ferias, con el bravío pecho
empitonando la camisa, han hecho
la lujuria y el ritmo de las horas.

Patria, te doy de tu dicha la clave:
sé siempre igual, fiel a tu espejo diario;
cincuenta veces al igual el *Ave*
taladrada en el hilo del rosario,
y es más feliz que tú, Patria suave.

Sé igual y fiel; pupilas de abandono;
sedienta voz, la trigarante faja
en tus pechugas al vapor; y un trono
a la intemperie, cual una sonaja:
¡la carreta alegórica de paja!

24 abril 1921

that brings shawls and dripping clay pitchers;
then, if I shiver, let me draw warmth
from your plump rum-punch lips
and your blue-incense breath.

Before your blessed-palm draped balcony
I pass with heavy heart, knowing
you tremble on this Palm Sunday.

Your spirit and style are dying out,
like the vanishing goddess of song
in a country fair—indomitable bosom
challenging straining bodice—
who evoked lust along with life's rhythm.

Patria, I give you the key to happiness:
be faithful forever to your likeness:
fifty repeats of the *Ave* are carved
on the beads of the rosary, and it is
more fortunate than you, *Patria suave*.

Be constant, be true, your glory
your eyes of abandon and thirsting voice;
tri-color sash[4] across misty breasts,
and an open air throne like a resonant timbrel:
allegory's straw cart!

[4]Referring to the red, green, and white of the Mexican flag.

Omnicromía de la tarde amena . . .
El alma, a la sordina,
y la luz, peregrina,
y la ventura, plena,
y la Vida, una hada
que por amar está desencajada.
Firmamente plomizo.
En el ocaso, un rizo
de azafrán.
Un ángel que derrama su tintero.
La brisa, cual refrán
lastimero.
En el aúreo deliquio del collado,
hálito verde, cual respiración
de dragón.
Y el valle fascinado
impulsa al ósculo a que se remonte
por los tragaluces del horizonte.

Tiempo confidencial,
como el dedal
de las desahuciadas bordadoras
que enredan su monólogo fatal
en el ovillo de las huecas horas.

Confidencia que fuiste
en la mano de ayer
veta de rosicler,
un alpiste
y un perfume de Orsay.

Tarde, como un ensayo
de dicha, entre los pétalos de mayo;
tarde, disco de Newton, en que era
omnícroma la primavera
y la Vida una hada
en un pasivo amor desencajada . . .

Omnichromy of a perfect evening . . .
The soul, a muted horn,
and the light, sublime,
and fortune, replete,
and Life, a fairy spirit
set free from her prison to love.

Leaden sky.
In the west, a curl
of saffron.
An angel's overturned inkwell.
The breeze, a doleful
refrain.
On the golden rapture of the hill,
green vapor, like a dragon's
breath.
And the bewitched valley
strains toward a kiss filtering
through the transoms of the horizon.

A time of secrets,
like those known to the thimbles
of despairing seamstresses
who entangle their mortal monologues
in the skein of empty hours.

As secret as you were
in yesterday's hand,
rosy lode,
canary grass,
and d'Orsay perfume.

Evening, like a rehearsal of
happiness amid May's petals;
evening, Newton's disk, a time when
spring was omnichromy
and Life a spirit
set free in passive love. . . .

EL VIEJO POZO

El viejo pozo de mi vieja casa
sobre cuyo brocal mi infancia tantas veces
se clavaba de codos, buscando el vaticinio
de la tortuga, o bien el iris de los peces,
es un compendio de ilusión
y de históricas pequeñeces.

Ni tortuga, ni pez; sólo el venero
que mantiene su estrofa concéntrica en el agua
y que dió fe del ósculo primero
que por 1850 unió las bocas
de mi abuelo y mi abuela . . . ¡Recurso lisonjero
con que los generosos hados
dejan caer un galardón fragante
encima de los desposados!

Besarse, en un remedo bíblico, junto al pozo,
y que la boca amada trascienda a fresco gozo
de manantial, y que el amor se profundice,
en la pareja que lo siente,
como el hondo venero providente . . .

En la pupila líquida del pozo
espejábanse, en años remotos, los claveles
de una maceta; más la arquitectura
ágil de las cabezas de dos o tres corceles,
prófugos del corral; más la rama encorvada
de un durazno; y en época de mayor lejanía,
también se retrataban en el pozo
aquellas adorables señoras en que ardía
la devoción católica y la brasa de Eros;
suaves antepasadas, cuyo pecho lucía
descotado, y que iban, con tiesura y remilgo,
a entrecerrar los ojos a un palco a la zarzuela,
con peinados de torre y con vertiginosas
peinetas de carey. Del teatro a la Vela
Perpetua, ya muy lisas y muy arrebujadas
en la negrura de sus mantos.
Evoco, todo trémulo, a estas antepasadas
porque heredé de ellas el afán temerario

THE OLD WELL

The old well of my ancestral home
on whose curbstone I so often propped my elbows
as a child, looking for the prophecy
of the turtle, or perhaps the rainbow flash of fish,
is a compendium of dreams
and small details of family history.

No turtle, no fish: only the spring
that sustains concentric strophes on the water's
surface, the spring that witnessed the first
kiss that in 1850 joined the lips
of my grandmother and grandfather. (A pleasant aside
by which a generous destiny
allows a fragrant tribute
to fall upon the newlyweds.)
They kiss, in biblical imitation, beside the well,
and the lips of the beloved feel fresh and
cool as springwater, and love grows more profound
in the couple's hearts,
deep as the deep, provident spring.

In the liquid pupil of the well
were mirrored, in years gone by, carnations
in flowerpots, and the mobile architecture
of the heads of several stallions that
escaped the corral, and the burdened
branch of a peach tree; and, in farthest time,
the well also captured the portraits of
lovable women in whom burned
Catholic devotion and the banked fires of Eros,
gentle antecedents with stunning
décolletage who with propriety and affectation
marched off to doze in a box at the operetta,
their hair combed into a tower giddy with
tortoiseshell combs. From the theater to
the Eternal Vigil, now unadorned and heavily cloaked
in the blackness of their mantles.
I evoke, with trembling, these women of my family
because from them I inherited the rash compulsion

de mezclar tierra y cielo, afán que me ha metido
en tan graves aprietos en el confesonario.

En una mala noche de saqueo y de política
que los beligerantes tuvieron como norma
equivocar la fe con la rapiña, al grito
de "¡Religión y Fueros!" y "¡Viva la Reforma!",
una de mis geniales tías,
que tenía sus ideas prácticas sobre aquellas
intempestivas griterías,
y que en aquella lucha no siguió otro partido
que el de cuidar los cortos ahorros de mi abuelo,
tomó cuatro talegas, y con un decidido
brazo las arrojó en el pozo, perturbando
la expectación de la hora ingrata
con un estrépito de plata.

Hoy cuentan que mi tía se aparece a las once
y que, cumpliendo su destino
de tesorera fiel, arroja sus talegas
con un ahogado estrépito argentino.

Las paredes del pozo, con un tapiz de lama
y con un centelleo de gotas cristalinas,
eran como el camino de esperanza en que todos
hemos llorado un poco . . . Y aquellas peregrinas
veladas de mayo y de junio
mostráronme del pozo el secreto de amor:
preguntaba el durazno: "¿Quién es Ella?",
y el pozo, que todo lo copiaba, respondía
no copiando más que una sola estrella.

El pozo me quería senilmente; aquel pozo
abundaba en lecciones de fortaleza, de alta
discreción, y de plenitud . . .
Pero hoy, que su enseñanza de otros tiempos me falta,
comprendo que fuí apenas un alumno vulgar
con aquel taciturno catedrático,
porque en mi diario empeño no he podido lograr
hacerme abismo y que la estrella amada,
al asomarse a mí, pierda pisada.

to mingle heaven and earth, a fancy that has led
to serious difficulties in the confessional.

On one infamous night of looting and politics
in which the militants held as norm
the confusion of faith with pillage, responding to cries
of "Religion and Law!" and "Long Live the Reform!"
one of my ingenious aunts,
who had practical ideas about such
uncalled-for shouting,
and who in that struggle followed no party other than
that of conserving my grandfather's curtailed funds,
prepared four bulging sacks and with a resolute
arm threw them into the well, disturbing
the expectant, cheerless hour
with a clatter of silver.

Today they tell that late at night my aunt appears
and, fulfilling her destiny
as faithful treasure-keeper, flings in the bags
with a muffled, silvery splash.

The walls of the well, with their tapestry of moss
and winking, crystalline drops,
were a kind of path-of-hope onto which we all
have wept a little. . . . And those veiled
pilgrims of May and June
instructed me from the well in the secrets of love.
The peach tree asked, "Who is she?"
and the well, which reflected all things,
reflected only a single star.

The well loved me like an aged uncle; it
abounded in lessons of fortitude, supreme
discretion, and a full life.
But today, now that I need its teaching from other days,
I understand that I was a crude student
in the hands of that taciturn preceptor,
because in my comings and goings I have left an abyss
unplumbed, so that when my beloved star leans
to peer into me, she nearly falls.

Primer amor, tú vences la distancia.
Fuensanta, tu recuerdo me es propicio.
Me deleita de lejos la fragancia
que de noche se exhala de tus tiestos,
y en pago de tan grande beneficio
te canonizo en estos
endecasílabos sentimentales.

A tu virtud mi devoción es tanta
que te miro en altar, como la santa
Patrona que veneran tus zagales,
y así es como mis versos se han tornado
endecasílabos pontificales.

Como risueña advocación te he dado
la que ha de subyugar los corazones;
permíteme rezarte, novia ausente,
Nuestra Señora de las Ilusiones.

¡Quién le otorgara al corazón doliente
cristalizar el infantil anhelo,
que en su fuego romántico me brasa,
de venerarte en diáfano capelo
en un rincón de la nativa casa!

Tanto se contagió mi vida toda
del grave encanto de tus ojos místicos,
que en vano espero para nuestra boda
alguna de las horas de pureza
en que se confortó mi gran tristeza
con los primeros panes eucarísticos.

CANONIZATION

First love, Fuensanta, you vanquish distance.
Even your memory is auspicious.
From afar, I smell the delicious scents
your patio flowers breathe onto the night air,
and it is in payment for such beneficence
that I canonize you in lines
so openly sentimental.

My devotion for your virtue is so monumental
that I picture you upon an altar, like the patron
saint worshiped by your local shepherds
(which is why my lines have become
so elaborately pontifical).

What heart will not esteem the amusing name
I've given you, my absent love:
allow me to pray to you
as Our Lady of Hopes and Dreams

Who would grant this grieving heart
the crystallization of a childish desire
consuming me in romantic fire,
that in some corner of your ancestral home
I may venerate a cardinal in diaphanous robes.

So deeply has my life been tainted
by the solemn witchery painted in your mystic eyes
that I cannot hope to capture,
once we are wed, even one pure hour
of those that consoled my sorrow
with the first eucharistic wafer.

Y pensar que extraviamos
la senda milagrosa
en que se hubiera abierto
nuestra ilusión, como perenne rosa . . .
Y pensar que pudimos
enlazar nuestras manos
y apurar en un beso
la comunión de fértiles veranos . . .
Y pensar que pudimos
en una onda secreta
de embriaguez, deslizarnos,
valsando un vals sin fin, por el planeta . . .
Y pensar que pudimos,
al rendir la jornada,
desde la sosegada
sombra de tu portal y en una suave
conjunción de existencias,
ver las cintilaciones del Zodíaco
sobre la sombra de nuestras conciencias . . .

c. 1916

AND TO THINK . . .

And to think that we strayed
from the miraculous path
where our hopes
could have opened like the eternal rose . . .

And to think, we could have
walked hand in hand
and sealed in a kiss
the communion of luxuriant summers . . .

And to think, we could have,
on a secret, dizzying
wave, smoothly waltzed
a waltz without end around the planet . . .

And to think, we could have,
as day ended,
from the quiet
shadow of your door, and in
sweet union of two lives,
watched the sparkling Zodiac
above the shadow of our awareness. . . .

Encima
de la azucena esquinada
que orna la cadavérica almohada;
encima
del soltero dolor empedernido
de yacer como imberbe congregante
mientras los gatos erizan el ruido
y forjan una patria espeluznante;
encima
del apetito nunca satisfecho
de la cal
que demacró las conciencias livianas,
y del desencanto profesional
con que saltan del lecho
las cortesanas;
encima
de la ingenuidad casamentera
y del descalabro que nada espera;
encima
de la huesa y del nido,
la lágrima salobre que he bebido.
Lágrima de infinito
que eternizaste el amoroso rito;
lágrima en cuyos mares
goza mi áncora su náufrago baño
y esquilmo los vellones singulares
de un compungido rebaño;
lágrima en cuya gloria se refracta
el iris fiel de mi pasión exacta;
lágrima en que navegan sin pendones
los mástiles de las consternaciones;
lágrima con que quiso
mi gratitud salar el Paraíso;
lágrima mía, en ti me encerraría,
debajo de un deleite sepulcral,
como un vigía
en su salobre y mórbido fanal.

THE TEAR

Beyond
the lily obliquely
embellishing the mortuary pillow;
beyond
the bachelor's callous sorrow
at lying like a callow novice
while cats caterwaul and bristle
and shape a hair-raising nation;
beyond
a never-sated appetite,
and the lime
that leaches licentious consciences,
and the professional disenchantment
with which commercial enchantresses
spring from their beds;
beyond
the marriage-broker ingenuity
and the calamity no one expects;
beyond
the bone yard and the nest . . .
the salty tear I have imbibed.
Tear of infinity,
you made the rite of love eternal;
tear in whose oceans
my anchor pleasures in its castaway's plunge
as I gather the singular fleece
of a penitent flock;
tear whose glory refracts
the faithful iris of my exact passion;
tear through which bannerless masts
sail in disquietude;
saline tear with which my gratitude
hoped to salt Paradise;
O tear, I shall immerse myself in you,
in sepulchral delectation,
like a sentinel
stationed in your briny, morbose lighthouse.

Una música íntima no cesa,
porque transida en un abrazo de oro
la Caridad con el Amor se besa.

¿Oyes el diapasón del corazón?
Oye en su nota múltiple el estrépito
de los que fueron y de los que son.

Mis hermanos de todas las centurias
reconocen en mí su pausa igual,
sus mismas quejas y sus propias furias.

Soy la fronda parlante en que se mece
el pecho germinal del bardo druida
con la selva por diosa y por querida.

Soy la alberca lumínica en que nada,
como perla debajo de una lente,
debajo de las linfas, Scherezada.

Y soy el suspirante cristianismo
al hojear las bienaventuranzas
de la virgen que fue mi catecismo.

Y la nueva delicia, que acomoda
sus hipnotismos de color de tango
al figurín y al precio de la moda.

La redondez de la Creación atrueno
cortejando a las hembras y a las cosas
con el clamor pagano y nazareno.

¡Oh Psiquis, oh mi alma: suena a son
moderno, a son de selva, a son de orgía
y a son mariano, el son del corazón!

c. 1919

SONG OF THE HEART

This intimate music will never cease
as, consumed in an embrace of gold,
Charity and Love exchange a kiss.

Do you hear the heart's diapason?
Hear in its multiple note the din
of those to come and those long gone?

My brothers from throughout the ages
in me find their common silent note,
their shared laments, their self-same rages.

I am the voice of leaves that covered
the germinal bosom of the druid bard
who took the woods as goddess and lover.

I am the pool where Scheherazade,
a pearl beneath a jeweler's loupe,
swims her crystalline glissade.

And I become an aspiring Christian
when I page through the beatitudes
of the virgin who was my catechism.

And the new delight that accommodates
the tango-colored hypnotism
of the price of fashion and the fashion plate.

I stun the rotundity of Creation,
courting all objects and all women
with a pagan and Nazarene dedication.

O Psyche, o my soul, sound the start
of a modern, a jungle, an orgiastic song:
the song of Mary, the song of the heart!

Throughout the course of a translation, problems arise that push to the limits the translator's faithfulness to the text—whatever "faithfulness" may mean—motivating conscious manipulations that affect the integrity of the work. I think there is no dispute that of all the genres poetry most often creates these confrontations between text and translator. And that within the genre, some poets throw up more roadblocks than others. Ramón López Velarde is such a poet.

As apology for the gyrations, stumblings, and leaps of which I am guilty, let me state first of all that I detest the use of notes, and have succumbed to them only when their absence promised to leave the reader totally in the dark. Ideally, a word or phrase that creates a similar reaction in English to the one (more accurately, *many*) experienced by the Spanish reader(s) should always present itself. Unfortunately, the ideal in translation, as in most aspects of existence, is a rare exception.

Of semantic manipulations, four types appear in these translations: editing, problems of cultural differences, the "it's-anyone's-guess" classification, and license. I offer a brief example of each.

Editing, that is, rejecting the printed word, is something a translator rarely presumes to do. Consider, however, the last line of the second stanza in "Humildemente": "aparece en su estufa el Divinísimo," literally, "the Most Divine appears on (or in) his *estufa*." Placing the Divine on, or in, a "stove," "hothouse," "conservatory," or "sweat room," results in a startling, even comic, line. Is it too extreme to reason that *estufa* was a misreading (it is known that there were difficulties in transcribing López Velarde's manuscripts), and to suggest that *esteva*, a "perch of a carriage," makes much better sense in context? The latter seems especially likely when we consider the first line of the fifth stanza, with its overt reference to God's "chariot."

Any translator can write an entire thesis on cultural differences. Objects, customs, emotions, food, clothing, celebrations (ad infinitum) that do not "translate" are particularly vexing in poetry, since the conciseness of the form offers no room in which to maneuver. *Suave patria* is a nightmare of untranslatable cultural specificities, of which I shall mention only one small example: playing cards. In the first line of Act One we find "las minas del rey de oros." Simply enough, the mines of the King of *Oros*, the suit in the Spanish deck identified by the coin- or medallion-like symbol in the upper corner. This description, however, can be fully conveyed only in a note. Should one be used? Or is it enough merely to link the gold of maize with the gold of "medallion kings"? The second reference comes in the fourth stanza of Act Two, with the "sota moza . . . en piso de metal." The *sota* in the Spanish deck is equivalent to our Jack. How to make the gender leap between Jack and girl? What does López Velarde really have in mind? Here cultural untranslatability overlaps with the category to follow.

"It's-anyone's-guess" is the true *bête noire* of the translator. One comes upon a boulder in the path of the poem. One polls one's friends—intelligent readers, native speakers, people clever with words and ideas. Finally, when the last source is exhausted and no one can offer a convincing reading, the translator makes an informed guess. In "Noches de hotel," for example, in the last line of the first stanza, completing a list of people who may be seen passing through a provincial hotel lobby, we find the words "mozas del partido"— possibly in contrast to "niñas recién casadas." Good girls and bad girls? Obviously, *partido* refers to a political and not a social "party." So are these the girls that hang around the hotel to be available to the local politicos? Is "girls of a party persuasion" perhaps a pun loose enough to cover various possibilities?

Finally, there is license. All translation is a process of trade-offs. Doors close and doors open. Since individual languages evolved in such disorderly fashion—even assuming they started from an original *ur*-language—and perfect lateral movement is as rare as a yellow diamond, one is constantly drawn toward the temptation of a pale spark that may, if only slightly, offset the loss of an earlier brilliance. The test becomes a mental game of "What the heck? 'Memorias del circo' is a very playful poem. I feel sure that López Velarde would allow me the playfulness of 'irrelevant elephant.' And surely he would not object to 'sat unruffled in her ruffles,' since he often uses similar word play (i.e., 'ubérrima ubre,' 'parejas pares,' 'recientes recentales')." Although such spiritual dialogues are rife with hubris, they at least afford the translator some light moments in the midst of long hours of frustration.

In all these instances, of course, the trick is to proceed without changing too greatly the mood and tone of the original poem. Continuing in the vein of the circus, this is the translator as high-wire artist. However, as we work without a safety net, we are always but one step away from the pratfall of the clown.